De l'influence en littérature

André Gide

Petite Collection de l'Hermitage, Paris, 1900

MESDAMES, MESSIEURS,

Je viens ici faire l'apologie de l'influence.

On convient généralement qu'il y a de bonnes et de mauvaises influences. Je ne me charge pas de les distinguer. J'ai la prétention de faire l'apologie de toutes les influences.

J'estime qu'il y a de très bonnes influences qui ne paraissent pas telles aux yeux de tous.

J'estime qu'une influence n'est pas bonne ou mauvaise d'une manière absolue, mais simplement par rapport à qui la subit.

J'estime surtout qu'il y a de mauvaises natures pour qui tout est guignon, et à qui tout fait tort. D'autres au contraire pour qui tout est heureuse nourriture, qui changent les cailloux en pain : « Je dévorais, dit Gœthe, TOUT ce que Herder voulait bien m'enseigner. »

L'apologie de l'influencé d'abord ; l'apologie de l'influenceur ensuite ; ce seront là les deux points de notre causerie.

Gœthe, dans ses Mémoires, parle avec émotion de cette période de jeunesse où sa sensibilité s'était à tel point exaltée, que, se promenant dans la campagne, un chant, un souffle, le moindre rayon, la moindre ombre semblait le modifier d'une manière réelle. Avec délices il subissait la plus fugitive influence.

Les influences sont de maintes sortes — et si je vous ai rappelé ce passage de Gœthe, c'est parce que je voudrais pouvoir parler de *toutes* les influences, chacune ayant son importance, — commençant par les plus vagues, les plus naturelles, gardant pour les dernières les influences des hommes, et celles des œuvres des hommes ; les gardant pour les dernières parce que ce sont celles dont il est le plus difficile de parler — et contre lesquelles on tente le plus, ou l'on prétend tenter le plus, de regimber. — Comme ma prétention est de faire l'apologie de celles-ci aussi, je voudrais préparer cette apologie de mon mieux, — c'est-à-dire lentement.

Il n'est pas possible à l'homme de se soustraire aux influences ; l'homme le plus préservé, le plus muré en sent encore. Les influences risquent même d'être d'autant plus fortes qu'elles sont moins nombreuses. Si nous n'avions rien pour nous distraire du mauvais temps, la moindre averse nous ferait inconsolables.

Il est tellement impossible d'imaginer un homme complètement échappé à toutes les influences naturelles et humaines, que, lorsqu'il s'est présenté des héros qui paraissaient ne rien devoir à l'extérieur, dont on ne pouvait expliquer la marche, dont les actions, subites, et incompréhensibles aux profanes, étaient telles qu'aucun mobile humain ne les semblait déterminer — on préférait, après leur réussite, croire à l'influence des *astres*, tant il est impossible d'imaginer quelque chose d'humain qui soit complètement, profondément, foncièrement spontané.

En général on peut dire je crois, que ceux qui avaient la glorieuse réputation de n'obéir qu'à leur étoile étaient ceux sur qui les influences personnelles, les influences d'élection, agissaient plus puissamment que les influences générales — je veux dire que celles qui agissent sur tout un peuple, du moins sur tous les habitants d'une même ville, à la fois.

Donc deux classes d'influences, les influences communes, les influences particulières ; celles que toute une famille, un groupement d'hommes, un pays subit à la fois ; celles que dans sa famille, dans sa ville, dans son pays, l'on est seul à subir (volontairement ou non, consciemment ou inconsciemment, qu'on les ait choisies ou qu'elles vous aient choisi). Les premières tendent à réduire l'individu au type commun ; les secondes à opposer l'individu à la communauté. — Taine s'est occupé presque exclusivement des premières ; elles flattaient son déterminisme mieux que les autres…

Mais comme on ne peut inventer rien de neuf pour soi tout seul, ces influences que je dis personnelles parce qu'elles sépareront en quelque sorte la personne qui les subit, l'individu, de sa famille, de sa société, seront aussi bien celles qui le rapprocheront de tel inconnu qui les subit ou les a subies comme lui, — qui forme ainsi des groupements nouveaux — et crée comme une nouvelle famille, aux membres parfois très épars, tisse des liens, fonde des parentés — qui peut pousser à la même pensée tel homme de Pékin et moi-même, et qui, à travers le temps, apparente Jammes à Virgile — et à ce poète chinois dont il vous lisait jeudi dernier le charmant, modeste et ridicule poème.

Les influences *communes* sont forcément les plus *grossières* — ce n'est pas par hasard que le mot GROSSIER est devenu synonyme de COMMUN. — J'aurais presque honte à parler de l'influence de la nourriture si Nietzsche par exemple, et paradoxalement je veux le croire, ne prétendait que la boisson a une influence considérable sur les mœurs et sur la pensée d'un peuple en général : que les Allemands par exemple, en buvant de la bière, s'interdisaient à jamais de prétendre à cette légèreté, cette acuité d'esprit que Nietzsche voulait prêter aux buveurs de vin.

Passons.

Mais, je le répète, moins une influence est grossière, plus elle agit d'une manière particulière. Et déjà l'influence du temps, celle des saisons, bien qu'agissant sur de grandes foules à la fois, agit sur elles de manière plus délicate et plus nerveuse, et provoque des réactions très diverses. — Tel est exténué, tel autre est exalté par la chaleur. Keats ne pouvait travailler bien qu'en été, Shelley qu'en automne. Diderot disait : « J'ai l'esprit fou dans les grands vents. »

On pourrait citer encore, citer beaucoup.

Passons.

L'influence d'un climat cesse d'être générale, et par là devient sensible, à celui qui la subit en étranger. — Ici nous arrivons aux influences particulières ; — à vrai dire, les seules qui aient droit de nous occuper ici.

Lorsque Gœthe, arrivant à Rome, s'écrie : « Nun bin ich endlich geboren ! » Enfin je suis né… Lorsqu'il nous dit dans sa correspondance qu'en entrant en Italie il lui sembla pour la première fois prendre conscience de lui-même et *exister*… voilà certes de quoi nous faire juger l'influence d'un pays étranger comme des plus importantes. — C'est, de plus, une *influence d'élection* : je veux dire qu'à part de malheureuses exceptions, voyages forcés ou exils, on choisit d'ordinaire la terre où l'on veut voyager ; la choisir est preuve que déjà l'on est un peu influencé par elle. — Enfin l'on choisit tel pays précisément parce que l'on sait que l'on va être influencé par lui, parce qu'on espère, que l'on souhaite cette influence. On choisit précisément les lieux que l'on croit capables de vous influencer le plus. — Quand Delacroix partait pour le Maroc, ce n'était pas pour devenir peintre orientaliste, mais bien, par la compréhension qu'il devait avoir d'harmonies plus vives, plus délicates et plus subtiles, pour « prendre conscience » plus parfaite de lui-même, du coloriste qu'il était.

J'ai presque honte à citer ici le mot de Lessing, repris par Gœthe dans les *Affinités électives*, mot si connu qu'il fait sourire : « Es wandelt niemand unbestraft unter Palmen. » et que l'on ne peut traduire en français qu'assez banalement

par : « Nul ne se promène impunément sous les palmes. »
Qu'entendre par là sinon qu'on a beau sortir de leur ombre,
on ne se retrouve plus tel qu'avant.

J'ai lu ce livre : et après l'avoir lu je l'ai fermé ; je l'ai
remis sur ce rayon de ma bibliothèque, — mais dans ce
livre il y avait telle parole que je ne peux pas oublier. Elle
est descendue en moi si avant, que je ne la distingue plus de
moi-même. Désormais je ne suis plus comme si je ne
l'avais pas connue. — Que j'oublie le livre où j'ai lu cette
parole ; que j'oublie même que je l'ai lue ; ne me souvienne
d'elle-même, que d'une manière imparfaite — n'importe !
— Je ne peux plus redevenir celui que j'étais avant de
l'avoir lue : — Comment expliquer sa puissance ?

Sa puissance vient de ceci qu'elle n'a fait que me révéler
quelque partie de moi inconnue à moi-même ; elle n'a été
pour moi qu'une explication — oui, qu'une explication de
moi-même. On l'a dit déjà : les influences agissent par
ressemblance. On les a comparées à des sortes de miroirs
qui nous montreraient, non point ce que nous sommes déjà
effectivement, mais ce que nous sommes d'une façon
latente. « Ce frère intérieur que tu n'es pas encore » disait
Henri de Régnier. — Je les comparerai plus précisément à
ce prince d'une pièce de Maeterlinck, qui vient réveiller des
princesses. Combien de sommeillantes princesses nous
portons en nous, ignorées, attendant qu'un contact, qu'un
accord, qu'un mot les réveille !

Que m'importe, auprès de cela, tout ce que j'apprends par la tête, ce qu'à grand renfort de mémoire j'arrive à retenir ? — Par instruction, ainsi, je peux accumuler en moi de lourds trésors, toute une encombrante richesse, une fortune, précieuse certes comme instrument, mais qui restera *différente* de moi jusqu'à la consommation des siècles. — L'avare met ses pièces d'or dans un coffre ; mais, le coffre fermé, c'est comme si le coffre était vide.

Rien de pareil avec cette intime connaissance, qui n'est plutôt qu'une reconnaissance, mêlée d'amour — de reconnaissance, vraiment ; qui est comme le sentiment d'une parenté retrouvée.

À Rome, près de la solitaire petite tombe de Keats, quand je lus ses vers admirables, — combien naïvement je laissai sa douce influence entrer en moi, tendrement me toucher, me reconnaître, s'apparenter à mes plus douteuses et mes plus incertaines pensées. — À ce point que lorsque, malade, il s'écrie dans l'*Ode au Rossignol* : « *Ô ! qui me donnera une gorgée d'un vin — longtemps refroidi dans la terre profonde — d'un vin qui sente Flora et la campagne verte, la danse et les chansons provençales, et la joie que brûle le soleil ? — Ô ! qui me donnera une coupe pleine de chaud Midi ?* » Il me semblait que, de mes propres lèvres, j'entendisse jaillir cette plainte admirable.

S'éduquer, s'épanouir dans le monde, il semble vraiment que ce soit se retrouver des parents.

Je sens bien qu'ici nous sommes arrivés au point sensible — dangereux — et qu'il va devenir plus difficile et délicat de parler. — Il ne s'agit plus à présent des influences — dirai-je : naturelles — mais bien des influences humaines. — Comment expliquer, tandis que *l'influence* nous apparaissait jusqu'ici comme un heureux moyen d'enrichissement personnel — ou du moins semblable à cette baguette de coudre des sorciers qui permettrait de découvrir en soi des richesses, — comment expliquer que brusquement ici l'on entre en garde, l'on ait peur (surtout de nos jours, disons-le bien) que l'on se défie. L'influence ici, est considérée comme une chose néfaste, une sorte de maladie, de rachitisme, d'attentat envers soi-même, de crime de lèse-personnalité.

C'est que précisément aujourd'hui, même sans faire profession d'individualisme, nous prétendons avoir chacun notre *personnalité*, et que, sitôt que cette personnalité n'est plus très robuste, sitôt qu'elle paraît, à nous-même ou aux autres, un peu indécise, chancelante ou débile, la peur de la perdre nous poursuit et risque de gâter nos plus réelles joies.

La peur de perdre sa personnalité !

Nous avons pu, dans notre bienheureux monde des lettres connaître, et rencontrer bien des peurs, la peur du neuf, la peur du vieux — ces derniers temps la peur des langues étrangères, etc., mais de toutes, la plus vilaine, la plus sotte, la plus ridicule, c'est bien la peur de perdre sa personnalité ?

« Je ne veux pas lire Gœthe, me disait un jeune littérateur, (ne craignez rien, je ne nomme que quand je loue). Je ne veux pas lire Gœthe parce que cela pourrait m'impressionner. »

Il faut, n'est-ce pas, être arrivé à un point de perfection rare, pour croire que l'on ne peut changer qu'en mal.

La personnalité d'un écrivain, cette personnalité délicate, choyée, celle qu'on a peur de perdre, non tant parce qu'on la sait précieuse, que parce qu'on la croit sans cesse sur le point d'être perdue — consiste trop souvent à n'avoir jamais fait telle ou telle chose. — C'est ce qu'on pourrait appeler une personnalité privative. La perdre, c'est avoir envie de faire ce qu'on s'était promis de ne pas faire. — Il a paru, il y a quelque dix ans, un volume de nouvelles que l'auteur avait intitulé : *Contes sans qui ni que*. L'auteur s'était fait une manière d'originalité, un style spécial, une personnalité, à n'employer jamais un pronom conjonctif. (Comme si les *qui* et les *que* ne continuaient pas quand même d'exister !) — Combien d'auteurs, d'artistes, n'ont d'autre personnalité que celle-là, qui, le jour où ils consentiraient à employer les qui et les que, comme tout le monde, se confondraient tout simplement dans la masse banale et infiniment nuancée de l'humanité.

Et pourtant, il faut bien avouer que la personnalité des plus grands hommes est faite de leurs incompréhensions. L'accentuation même de leurs traits exige une limitation violente. Aucun grand homme ne nous laisse de lui une image vague, mais précise et très définie. On peut même dire que ses incompréhensions font la *définition* du grand homme.

Que Voltaire n'ait pas compris la Bible ; qu'il éclate de rire devant Pindare ; est-ce que cela ne dessine pas la figure de Voltaire, comme le peintre qui, traçant le contour du visage, dirait à ce visage : Tu n'iras pas plus loin ?

Que Gœthe, le plus intelligent des êtres n'ait pas compris Beethoven — Beethoven, qui, après avoir joué devant lui la fantaisie en ut dièze mineur, (celle qu'on a coutume de nommer la *Sonate au clair de lune*), comme Gœthe demeurait froidement silencieux, poussait vers lui ce cri de détresse : « Mais Maître, si vous, vous ne me dites rien — qui donc alors me comprendra ? » est-ce que cela ne définit pas d'un coup Gœthe — et Beethoven ?

Ces incompréhensions s'expliquent, voici comment : elles ne sont certes point sottise ; — elles ne sont même pas cécité partielle ; elles sont *éblouissement.* — Ainsi tout grand amour est exclusif, et l'admiration d'un amant pour sa maîtresse le rend insensible à toute beauté différente. — C'est l'amour qu'il avait pour l'esprit, qui rendait Voltaire insensible au lyrisme. C'est l'adoration de Gœthe pour la Grèce, pour la pure et souriante tendresse de Mozart, qui lui faisait craindre le déchaînement passionné de Beethoven — et dire à Mendelsohn qui lui jouait le début de la symphonie en ut mineur : « Je ne ressens que de l'étonnement. » — Il trouvait cela surtout très bruyant.

Peut-être peut-on dire que tout grand producteur, tout créateur, a coutume de projeter *sur le point qu'il veut opérer* une telle abondance de lumière spirituelle, un tel faisceau de rayons — que tout le reste autour en paraît sombre. Le contraire de cela, n'est-ce pas le dilettante, qui, lui, comprend tout, précisément parce qu'il n'aime rien *passionnément*, c'est-à-dire *exclusivement*.

Mais combien celui qui, sans avoir une personnalité fatale, toute d'ombre et d'éblouissement, tâche de se créer une personnalité restreinte et combinée, en se privant de certaines influences — en se mettant l'esprit au régime comme un malade dont l'estomac débile ne saurait supporter qu'un choix de nourritures peu variées (mais qu'alors il digère si bien !) — combien celui-là me fait aimer le dilettante, qui ne pouvant être producteur et parler — prend le charmant parti d'être *attentif* et se fait une carrière vraiment de savoir admirablement *écouter*. (On manque d'écouteurs aujourd'hui, de même que l'on manque d'écoles — c'est un des résultats de ce besoin d'originalité à tout prix.)

La peur de ressembler à tous fait dès lors chercher à celui-ci quels traits bizarres, uniques, (incompréhensibles souvent par là même), il peut bien montrer — qui lui apparaissent aussitôt d'une principale importance, qu'il croit devoir exagérer, fut-ce aux dépens de tout le reste. J'en sais un qui ne veut pas lire Ibsen parce que, dit-il, « il a peur de le trop bien comprendre ». Un autre s'est promis de ne jamais lire les poètes étrangers, de crainte de perdre « le sens pur de sa langue ».

Ceux qui craignent les influences et s'y dérobent, font le tacite aveu de la pauvreté de leur âme. Rien de bien neuf en eux à découvrir, puisqu'ils ne veulent prêter la main à rien de ce qui peut guider leur découverte. Et s'ils sont si peu soucieux de se retrouver des parents, c'est, je pense, qu'ils se pressentent fort mal apparentés.

Un grand homme n'a qu'un souci : devenir le plus humain possible, — disons mieux : DEVENIR BANAL. Devenir banal, Shakespeare, banal Gœthe, Molière, Balzac, Tolstoï… Et chose admirable, c'est ainsi qu'il devient le plus personnel. Tandis que celui qui fuit l'humanité pour lui-même, n'arrive qu'à devenir particulier, bizarre, défectueux… Dois-je citer le mot de l'Évangile ? Oui, car je ne pense pas le détourner de son sens : « Celui qui veut sauver sa vie (sa vie personnelle) la perdra ; mais qui veut la perdre la sauvera (ou pour traduire plus exactement le texte grec : « *la rendra vraiment vivante* »).

Voilà pourquoi nous voyons les grands esprits ne jamais craindre les influences, mais au contraire les rechercher avec une sorte d'avidité qui est comme l'avidité d'ÊTRE.

Quelles richesses ne devait pas sentir en lui un Gœthe, pour ne s'être refusé, — ou selon le mot de Nietzsche, « n'avoir *dit non* » — à rien ! Il semble que la biographie de Gœthe soit l'histoire de ses influences — (nationales avec Goëtz ; moyenâgeuses avec Faust ; grecques avec les Iphigénies ; italiennes avec le Tasse, etc. ; enfin vers la fin de sa vie encore, l'influence orientale, à travers le divan de Hafiz, que venait de traduire Hammer — influence si puissante que, à plus de 70 ans, il apprend le persan et écrit lui aussi un Divan).

La même frénésie désireuse qui poussait Gœthe vers l'Italie, poussait le Dante vers la France. C'est parce qu'il ne trouvait plus en Italie d'influences suffisantes qu'il accourait jusqu'à Paris se soumettre à celle de notre Université.

Il faudrait pourtant se convaincre que la peur dont je parle est une peur toute moderne, dernier effet de l'anarchie des lettres et des arts ; avant, on ne connaissait pas cette crainte-là. Dans toute grande époque on se contentait d'être personnel, sans chercher à l'être, de sorte qu'un admirable fonds commun semble unir les artistes des grandes époques, et, par la réunion de leurs figures involontairement diverses, créer une sorte de société, admirable presque autant par elle-même, que l'est chaque figure isolée. Un Racine se préoccupait-il de ne pas ressembler à quelqu'un d'autre ? Sa Phèdre est-elle diminuée parcequ'elle naquit, prétend-on, d'une influence janséniste ? Le XVIIe siècle français est-il moins grand pour avoir été dominé par Descartes ? Shakespeare a-t-il rougi de mettre en scène les héros de Plutarque ; de reprendre les pièces de ses prédécesseurs ou de ses contemporains ?

Je conseillais un jour à un jeune littérateur un sujet qui me paraissait à ce point fait pour lui, que je m'étonnais presque qu'il n'eût pas déjà songé à le prendre. Huit jours après, je le revis, navré. Qu'avait-il ? Je m'inquiétai… « Eh ! me dit-il amèrement, je ne veux vous faire aucun reproche, parce que je pense que le motif qui vous faisait me conseiller était bon, — mais pour l'amour de Dieu, cher ami, ne me donnez plus de conseils ! Voici qu'à présent je viens *de moi-même* au sujet dont vous m'avez parlé l'autre jour. Que diable voulez-vous que j'en fasse à présent ? C'est vous qui me l'avez conseillé : je ne pourrai jamais plus croire que je l'ai trouvé tout seul ». — Ah ! je n'invente pas ! — j'avoue que je fus quelque temps sans comprendre : — le malheureux craignait de ne pas être *personnel*.

On raconte que Pouchkine un jour dit à Gogol : « Mon jeune ami, il m'est venu en tête, l'autre jour, un sujet — une idée que je crois admirable — mais dont je sens bien que *moi*, je ne pourrai rien tirer. — Vous devriez la prendre : il me semble, tel que je vous connais, que vous en feriez quelque chose. » — Quelque chose — en effet — Gogol n'en fit rien moins que les *Âmes mortes*, à quoi il dut sa gloire, de ce petit sujet, de ce germe que Pouchkine un jour posait dans son esprit.

Il faut aller plus loin et dire : les grandes époques de création artistique, les époques fécondes, ont été les époques les plus profondément influencées. — Telle la période d'Auguste, par les lettres grecques ; la renaissance anglaise, italienne, française par l'invasion de l'antiquité, etc.

La contemplation de ces grandes époques où, par suite de conjonctures heureuses, grandit, s'épanouit, éclate, tout ce qui, depuis longtemps semé, germinait et restait dans l'attente — peut nous emplir aujourd'hui de regrets et de tristesse. À notre époque, que j'admire et que j'aime, il est bon je crois de chercher d'où vient cette régnante anarchie, qui peut nous exalter un instant en nous faisant prendre la fièvre qu'elle nous donne, pour une surabondance de vie ; — il est utile de comprendre que ce qui fait, dans sa plantureuse diversité l'unité malgré tout d'une grande époque, c'est que tous les esprits qui la composent se viennent abreuver aux mêmes eaux…

Aujourd'hui nous ne savons plus à quelle source boire — nous croyons trop d'eaux salutaires, et tel va boire ici, tel va là.

C'est aussi qu'aucune grande source unique ne jaillit, mais que les eaux, surgies de toutes parts, sans élan, sourdent à peine, puis restent sur le sol, stagnantes — et que l'aspect du sol littéraire aujourd'hui est assez proprement celui d'un marécage.

Plus de puissant courant, plus de canal, plus de grande influence générale qui groupe et unisse les esprits en les soumettant à quelque grande croyance commune, à quelque grande idée dominatrice — plus d'ÉCOLE, en un mot — mais, par crainte de se ressembler, par horreur d'avoir à se soumettre, par incertitude aussi, par scepticisme, complexité, une multitude de petites croyances particulières, pour le triomphe des bizarres petits particuliers.

Si donc les grands esprits cherchent avidement les influences, c'est que, sûrs de leurs propres richesses, pleins d'un sentiment intuitif, *ingénu* de l'abondance imminente de leur être, ils vivent dans une attente joyeuse de leurs nouvelles éclosions. — Ceux, au contraire, qui n'ont pas en eux grande ressource, semblent garder toujours la crainte de voir se vérifier pour eux le mot tragique de l'Évangile : « Il sera donné à celui qui a ; mais à celui qui n'a pas, on ôtera même ce qu'il a. » Ici encore la vie est sans pitié pour les faibles. — Est-ce une raison pour fuir les influences ? — Non. — Mais les faibles y perdront le peu d'originalité à laquelle ils peuvent prétendre… Messieurs : TANT MIEUX ! — C'est là ce qui permet une École.

Une École est composée toujours de quelques rares grands esprits directeurs — et de toute une série d'autres subordonnés, qui forment comme le terrain neutre sur lequel ces quelques grands esprits peuvent s'élever. Nous y reconnaissons d'abord une subordination, une sorte de soumission tacite, inconsciente, à quelques grandes idées que quelques grands esprits proposent, que les esprits moins grands prennent pour *Vérités*. — Et, s'ils *suivent* ces grands esprits, peu m'importe ! car ces grands esprits les mèneront plus loin qu'ils n'eussent su aller par eux-mêmes. — Nous ne pouvons savoir ce qu'eût été Jordæns sans Rubens. — Grâce à Rubens, Jordæns s'est élevé parfois si haut, qu'il semble que mon exemple soit mal choisi et qu'il faille placer Jordæns au contraire parmi les grands esprits directeurs. — Et que serait-ce si je parlais de Van Dyck, qui, à son tour, crée et domine l'école anglaise ?

Autre chose : souvent une grande idée n'a pas assez d'un seul grand homme pour l'exprimer, pour l'exagérer tout entière ; un grand homme n'y suffit pas ; il faut que plusieurs s'y emploient, reprennent cette idée première, la redisent, la réfractent, en fassent valoir une nouvelle beauté. — La grandeur, qui paraissait démesurée, de Shakespeare, a longtemps empêché de voir, mais ne nous empêche plus aujourd'hui d'admirer, l'admirable pléiade de dramaturges qui l'entourent. — L'*idée* qu'exalte l'école hollandaise s'est-elle satisfaite d'un Terburg, d'un Metsu, d'un Pieter de

Hooch ? Non, non, il fallait chacun de ceux-là, et combien d'autres !

Enfin, disons que si toute une suite de grands esprits se dévouent pour exalter une grande idée, il en faut d'autres, qui se dévouent aussi, pour l'exagérer, puis la compromettre et la détruire. — Je ne parle pas de ceux qui s'acharnent contre — non — ceux-là d'ordinaire servent l'idée qu'ils combattent, la fortifient de leur inimitié. — Mais je parle de ceux qui croient la servir, de cette malheureuse descendance en qui s'épuise enfin l'idée. — Et, comme l'humanité fait et doit faire une consommation considérable d'idées, il faut être reconnaissant à ceux-ci qui, en épuisant enfin ce qu'une idée avait encore de généreux en elle, en la faisant redevenir IDÉE, de VÉRITÉ qu'elle semblait être, la privent enfin de tout suc nourricier, et forcent ceux qui viennent à chercher une idée nouvelle, — idée qui, à son tour, paraisse Vérité.

Bénis soient les Miéris et les Philip Van Dijk pour achever de ruiner la moribonde école hollandaise, pour venir à bout de ses dernières dominations.

En littérature, croyez bien que ce ne sont pas les « verslibristes », pas même les plus grands, les Vielé-Griffin, les Verhæren, qui viendraient à bout du Parnasse — c'est le Parnasse lui-même qui se supprime, se compromet en ses derniers lamentables représentants.

Disons encore ceci : ceux qui craignent les influences et s'y refusent en sont punis de cette manière admirable : dès qu'on signale un pasticheur c'est parmi eux qu'il faut chercher. — *Ils ne se tiennent pas bien* devant les œuvres d'art d'autrui. La crainte qu'ils ont les fait s'arrêter à la surface de l'œuvre ; ils y goûtent du bout des lèvres. — Ce qu'ils y cherchent, c'est le secret tout extérieur (croient-ils) de la matière, du métier — ce qui précisément n'existe qu'en relation intime et profonde avec la personnalité même de l'artiste, ce qui demeure le plus inaliénable de ses biens. — Ils ont, pour la raison d'être de l'œuvre d'art, une incompréhension totale. Ils semblent croire qu'on peut prendre la peau des statues, puis qu'en soufflant dedans, cela redonnera quelque chose.

L'artiste véritable, avide des influences profondes se penchera sur l'œuvre d'art, tâchant de l'oublier et de pénétrer plus arrière. — Il considérera l'œuvre d'art accomplie comme un point d'arrêt, de frontière ; pour aller plus loin ou ailleurs, il nous faut changer de manteau. — L'artiste véritable cherchera, derrière l'œuvre, l'homme, et c'est de lui qu'il apprendra.

La franche imitation n'a rien à faire avec le pastiche qui toujours reste besogne sournoise et cachée. — Par quelle aberration aujourd'hui n'osons-nous plus *imiter*, c'est ce qu'il serait trop long de dire — d'ailleurs tout cela se tient et si l'on m'a suivi jusqu'ici l'on me comprendra sans peine. — Les grands artistes n'ont jamais craint d'imiter.

Michel Ange imita d'abord si résolument les antiques que, certaines de ses statues — (entre autres un Cupidon endormi), il s'amusa de les faire passer pour des statues retrouvées dans des fouilles. — Une autre statue de l'amour fut, raconte-t-on, enterrée par lui, puis exhumée comme marbre grec.

Montaigne, dans sa fréquentation des anciens, se compare aux abeilles qui « pillottent de ça de là les rieurs, mais qui en font après le miel, *qui est tout leur* — ce n'est plus dit-il, thym ne marjoleine. » — Non, c'est du Montaigne, et tant mieux.

Mesdames et Messieurs,

Je m'étais promis de faire, après l'apologie de l'influencé, celle de l'influenceur. À présent elle ne m'apparait plus bien utile. L'apologie de l'influenceur — ne serait-ce pas celle du « grand homme » ? Tout grand homme est un influenceur. — Artiste, ses écrits, ses tableaux ne sont qu'une part de son œuvre : son influence l'explique, la continue. Descartes n'est pas seulement l'auteur du *Discours de la Méthode*, de la *Dioptrique* et des *Méditations* ; il est l'auteur aussi du *Cartésianisme*. — Parfois même l'influence de l'homme est plus importante que son œuvre : parfois elle s'en détache et ne semble la suivre que de très loin ; — telle est, à travers des siècles d'inaction, celle de la *Poétique* d'Aristote sur le xviie siècle français. Parfois enfin, l'influence est l'œuvre unique, comme il advint pour ces deux uniques figures, que j'ose à peine citer, de *Socrate* et du *Christ*.

On a souvent parlé de la responsabilité des grands hommes. — On n'a point tant reproché au Christ tous les martyrs que le Christianisme avait fait car l'idée de salut s'y mêlait) — qu'on ne reproche encore à tel écrivain le retentissement parfois tragique de ses idées. — Après Werther, d'après Werther, on dit qu'il y eut une épidémie de suicides. De même en Russie, après un poème de Lermontof. — « Après ce livre, disait madame de Sevigné en parlant des Maximes de La Rochefoucauld, — il n'y a plus qu'à se tuer ou se faire chrétien. » (Elle disait cela croyant sûrement qu'il ne se trouverait personne qui ne préférât une conversion à la mort). — Ceux que la littérature a tués, je pense qu'ils portaient déjà la mort en eux ; ceux qui se sont fait chrétiens étaient admirablement prêts pour l'être ; l'influence, disais-je, ne crée rien, elle éveille.

Mais je me garderai d'ailleurs, de chercher à diminuer la responsabilité des grands hommes ; pour leur plus grande gloire, il faut la croire même la plus lourde, la plus effrayante possible. — Je ne sache pas qu'elle ait fait reculer aucun d'eux. Au contraire, ils cherchent de l'assumer toujours plus grande. Ils font, tout autour d'eux, que l'on s'en doute ou non, une consommation de vie formidable.

Mais ce n'est pas toujours un besoin de domination qui les mène : — Chez l'artiste, souvent, la soumission d'autrui qu'il obtient, a des causes très différentes. Un mot pourrait je crois les résumer : *il ne suffit pas à lui-même*. La conscience qu'il a de l'importance de l'idée qu'il porte, le tourmente. Il en est *responsable*, il le sent. Cette responsabilité lui paraît la plus importante : l'autre ne passera qu'après. — Que peut-il ? Seul ! — Il est débordé. Il n'a pas assez de ses cinq sens pour palper le monde ; de ses vingt-quatre heures par jour, pour vivre, penser, s'exprimer. Il n'y suffit pas, il le sent. Il a besoin d'adjoints, de substituts, de secrétaires. — « Un grand homme, dit Nietzsche, n'a pas seulement son esprit, mais aussi celui de tous ses amis. » — Chaque ami lui prêtera ses sens ; bien plus : vivra pour lui. — Lui se fait centre (oh ! malgré lui) il regarde et profite de tout. Il influence : d'autres vivront et joueront pour lui ses idées ; risqueront le danger de les expérimenter à sa place.

Il est difficile parfois de faire l'apologie des grands hommes. Je ne veux donc point dire ici que j'approuve *cela* ; je dis seulement que sans *cela* le grand homme n'est pas possible. — Peut-être préfère-t-on qu'alors il n'y ait pas de « grands hommes ». — moi pas : — c'est affaire de goûts. — S'ils voulaient œuvrer sans influencer, ils seraient d'abord mal renseignés, n'ayant pu voir opérer leurs idées ; puis ils ne seraient pas intéressants ; car cela seul qui nous influence nous importe. — Voilà pourquoi j'ai eu soin de faire d'abord l'apologie des influencés, — pour pouvoir à présent oser dire qu'ils sont indispensables aux grands hommes.

Mesdames et Messieurs,

Je vous ai dit à présent à peu près ce que je désirais vous dire. Peut-être les quelques idées que j'ai tenté d'exposer ici, vous paraîtront-elles soit paradoxales soit fausses. — Je me tiendrai pourtant pour satisfait si, fut-ce par protestation contre elles, j'ai pu faire naître en vous — je veux dire : éveiller — quelques idées que vous jugerez justes et belles. — C'est ce que nous pourrons appeler de l'influence par réaction.

Bruxelles, le 29 mars 1900.